Gleich hinter der Maske

wartet sie ...

die Freiheit

Deiner Zeit...

Dieses Baeredel-Buch gehört:

Bibliografische Information durch
Die Deutsche Bibliothek:
Die Deutsche Bibliothek verzeichnet diese Publikation in der
Deutschen Nationalbibliografie; detaillierte bibliografische
Daten sind im Internet über http://dnb.ddb.de abrufbar.

Herstellung und Verlag
BoD – Books on Demand, Norderstedt
Euro (D)

ISBN 9783751994149

Großdruck

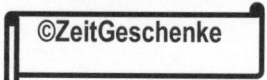

Gleich hinter der Maske

wartet sie ...

die Freiheit

Deiner Zeit...

„Wie geht es dir?"
     möchte ich dich fragen
   ...
„Nicht gut!"
     wirst du heute vielleicht
     sagen...

„Aber du lebst,
bist gesund... noch...
Du musst dich schon schützen
vor schlechten Zeiten,
Dich vielleicht für Corona und
mehr vorbereiten...

Maske tragen, selbst wenn du
nicht willst,
weil du jetzt nicht den Hunger
nach Freiheit stillst...

Aber wo deiner Freiheit
Grenzen sind,
ist da, wo die Freiheit der
andern beginnt.

Freiheit kann nicht allein
existieren;
es gibt überall Grenzen,
das muss man einfach kapieren.

Will man Freiheit studieren,
könnt' man sich darin
verlieren...

Sogar im Kopf ist Freiheit
nicht frei,
wenn doch, dann fehlt wohl
allerlei...

Freiheit ist, sich *frei* zu
entscheiden,
in Lücken zu springen, die
andere meiden...

Rücksicht und Nachsicht
gehört auch dazu,
*selbst*verständlich
frei geht das im Nu...

Andern zu helfen, wäre auch zu
begrüßen,
auch dazu könnt man sich
selbst *frei* entschließen...

Freiheit ist sehr wohl ein hohes
Gut,
doch alleine wirkt es wie
Übermut.

Freiheit verwechseln manche
mit Schwimmen und Baden gehen...
mit Urlaub, auch mit Freunden
rumstehen...

Halt dich zurück, dazu kann
man sich auch *frei* entscheiden.
Keiner stürzt sich *frei*willig
ins Feuer, wär' fast zu beeiden...

Drum quängel
dich nie...
mit Druckzwang auf *Freiheit*
in Pandemie...

Am Ende badest du sie
dann aus:
Pandemie Verluste in
deinem eigenen Haus...

... mal innehalten...

by baeredel

Unglaublich!

Corona
setzt
Allem
die Krone

auf...

und wir
sind
hinter der Maske
fast
alle
nicht
wiederzuerkennen.

Während du

mit jeder Sekunde

deiner Zukunft

begegnest,

könntest

Du

Rücksicht

auf die nehmen,

die bislang

gut

für Deine Zukunft

planten.

Ein Samenkorn
stirbt
damit
viele Samenkörner
aufgehen können …
und doch wird es
in jedem Samenkorn
weiterleben!

Da gibt es eine Kleinigkeit, die...

... die... noch zwischen uns steht...!

by baeredel

Ihr redet von Freiheit

Freiheit, die ihr nicht abgeben wollt...
Freiheit, die ihr nur für euch benutzen wollt...
Freiheit, die ihr nur für euch beansprucht...
Aber
Ihr unterwerft
Euch
Mode... Trendsettings...

Werdet
zu Werbeläufern
zu Werbeträgern,
die für ihre Werbeläufe und Auftritte
teuer bezahlen:
Bezahlt mit Geld
Bezahlt mit Lebenszeit:
„Arbeiten... Geldverdienen"
Ohne Verkleidung
traut ihr euch nicht auf die Straße
Ist das freiwillig?

Aber natürlich steht
diese *Freiheit,*
das zu tun,
jedem zu...

Alles,

was ich tun kann,

wird zu wenig sein...

trotzdem...

ist es

immer

Grundlage

des nächst' Folgenden...

Auch in stürmischen Zeiten

immer...

einen klaren Kopf behalten!

by baeredel

Freiheit

gibt es nicht ohne Grenzen...

Wenn wir Grenzen unserer Freiheit
verhindern wollen,

grenzen wir damit unsere Freiheit
ein,

indem wir uns damit beschäftigen,

die Grenzen auszugrenzen...

setzen wir uns damit

neue Grenzen,

die unsere Freiheit

erneut

eingrenzen...

Wenn jeder

seine Freiheit

durch Mauern festigen würde,

wie würde

unsere Welt aussehen?

Vielleicht gibt es noch nicht genug
Gartenzäune,

die Ärger verursachen?

Zuviel Freiheit
für den Einen ist erdrückend
für den Anderen...

by baeredel

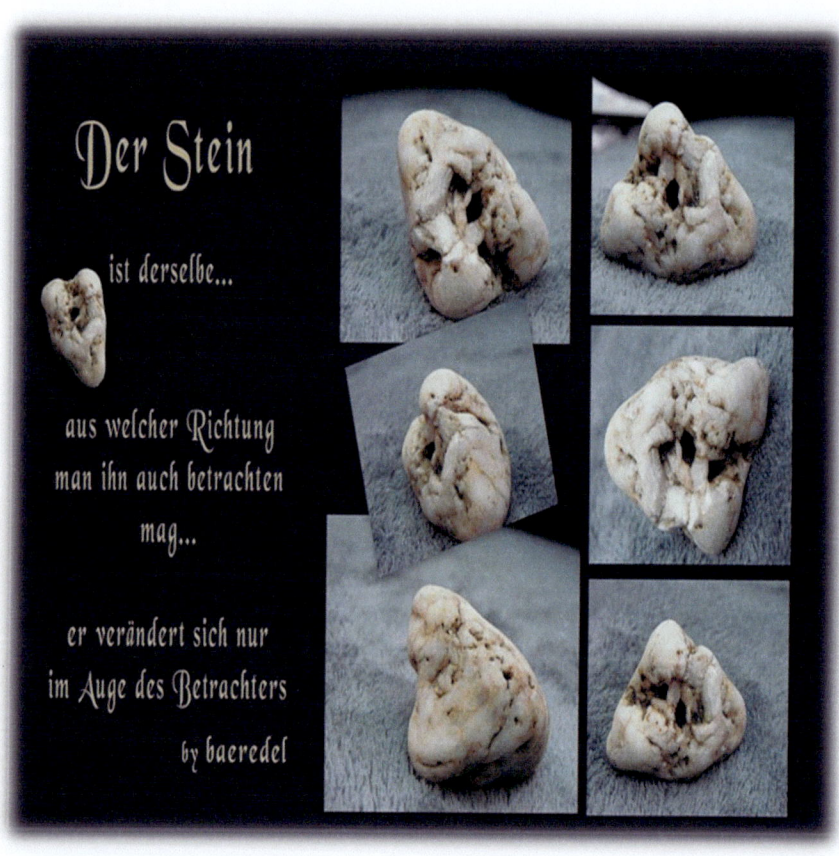

Der Stein

ist derselbe...

aus welcher Richtung
man ihn auch betrachten
mag...

er verändert sich nur
im Auge des Betrachters

by baeredel

Rücksichtnahme

und

Akzeptanz

sind

friedvolle

Wahrnehmer

für

Grenzen

der

Freiheit.

Die Kunst

zum

Leben:

seine Zeit

zu schätzen wissen

Bewusst sein:

Lebensgenuss

im richtigen Maß..

Allzuviel

ist

ungesund!

Wenn die Welt

in
einem
einzigen
Augen
Blick
versinkt...

fliegen
Träume
hoch...!

by baeredel

Manchmal

muss

man

nur einen Schritt zurück tun

und

die Einfahrt

für

etwas Neues

ist

wieder

frei...

Neue Besen

kehren gut,

aber

die alten kennen

vielleicht

lange schon

die geheimsten

Ecken...

Hab Geduld...

Es kann alles von einer zur
anderen Sekunde abgerissen,
zerstört und ganz anders sein...

Aber

es wird

niemals

alles

in einer Sekunde gewachsen

oder

wieder aufgebaut sein...

Trotze den Stürmen
des Lebens
wie
ein Baum...

Standfestigkeit
wächst
durch Verwurzeln!

by baeredel

by tovenudel

~ 28 ~

Freiheit

an der Kette

als Kettenglied,

als einzigartiger Halt

für all die anderen Einzigartigen...

ist unverzichtbar.

***

Ein Kettenglied allein

ergibt keine Kette,

keinen Zusammenhang...

keinen Zusammenhalt.

Andere auch

akzeptieren
anerkennen...!

Nicht (nur)

sich selbst als einzig wichtig erachten
und stets lauthals
in den
Vordergrund
drängen...

Neuerungen

Können gut sein,

aber

sie bringen auch immer Veränderungen,

Abbrüche von alten Gewohnheiten,

von alten Bewährungen...

Neue Anpassungen, neue Gewohnheiten,

neue Bewährungensmöglichkeiten...

Auf jeden Fall:

Neuerungen schaffen Neues,

drängen

Altes in den Hintergrund.

Neuerungen sollten

Nicht nur verändernde Eingriffe sein,

so könnten sie Verletzungsgefahr

oder auch Stillstand erzeugen...

Zu hoffen ist,

dass

niemand

<auf seine Freiheit pochend>

seine Hand

in einen laufenden Motor steckt,

um ihn anzuhalten...

Massige Masse

macht

massig

mächtig

...

und

mächtig

massig

...

schlapp

Das Wasser

sucht sich

seinen Weg

und findet ihn...

Die Wahrheit auch...!

Wenn es so ist,

dass ich denke,

das, was ich denke,

genau das gleiche ist,

was ich denke,

dass du denkst,

das ich denke?

Dann

denke ich

vielleicht richtig...?

Wahrscheinlich...

viel--- leicht

... ist die Erde

für Gott

wie eine schmutzige kranke
Pflanze

mit

zunehmendem

Parasitenbefall...

Corona mutiert

Was wäre,

wenn

die späte Einsicht

doch

lieber

ein bisschen früher käme...

Geistige Einflüsse

sind

die einflussreichsten...

***

Ein Moment ist
ein Baustein
der Erinnerung...

Wer seiner Zeit
den Rücken kehrt...
dem hat sie dennoch mal gehört!

by baeredel

Unschlagbar

was sich

in Luft auflösen kann...

Ein Gesicht,

das

seine Seele zeigt

verliert

sie

nicht

wegen

einer Maske ...

Während

des Wartens

gibt es auch

die Zeit,

die *nicht vergehen will...*

die dennoch

niemals wiederkehrt.

Alles

Was du weißt,

kannst du weitergeben,

wenn du willst...

aber niemals

wird es dir einer

wegnehmen können.

Ein Baum

in

Freiheit

wird nur

so breit wachsen

wie

seine Nachbarn

dies zulassen...

Er

wird nicht

dagegen

demonstrieren...

Ehret
den WasserTropfen,
sonst tanzen
die Wassergeister...
am Leben
vorbei...!

by baeredel

Wer

Schlechtes kennt

weiß

Gutes zu schätzen...

Wenn jemand

Etwas

nicht ein-sehen will,

kann

ihm meistens

auch kein

zweiter Blick

helfen...

Richtig ist:

Auch nur

ein bisschen falsch

ist

immer noch nicht

richtig...

Um

Gefahrensituationen

aus dem Weg zu gehen,

muss man

auch flüchten können...

Und mit Vorkenntnis

direkt

fern bleiben...

„Mir reicht's.“

by bawiil

Biografie:

Es war einmal:

Ein kleines Mädchen, das wurde 1949 in Hoyerswerda geboren, als viertes Kind und drittes Mädchen, als Naseweis vor ihrem jüngeren Bruder. Zwar am gleichen Tag wie ihr ältester Bruder – nur eben zwei Jahre später in einen Kaufmannshaushalt, der immer mit Arbeit belegt war. Vater: Handelsschullehrer; Selbständiger, Kaufmann, liebevoller Vater – Mutter: Kauffrau und stets opferbereite Mutter.

1953 Flucht (wegen Kapitalisten-Verfolgung) mit der Mutter zum Vater und den übrigen Geschwistern in „ den Westen".

Das Mädchen lebte 13 Jahre in Fulda zeitweise mit dem kleinen Bruder bei einer Tante.

Grundschule und Mädchengymnasium fielen auch in diese Zeit. Die weiteren Lebenslehrzeiten fanden in Bochum, Witten und Lünen statt;

Schon im Elternhaus wurde Tierliebe und Nächstenliebe groß geschrieben. Dies hat erheblich dazu beigetragen, das Leben dieses „Kindes", das nun sein Zuhause unter dem Himmel über Dortmund entdeckt hat, entscheidend zu prägen.

Neu aufgelegt:

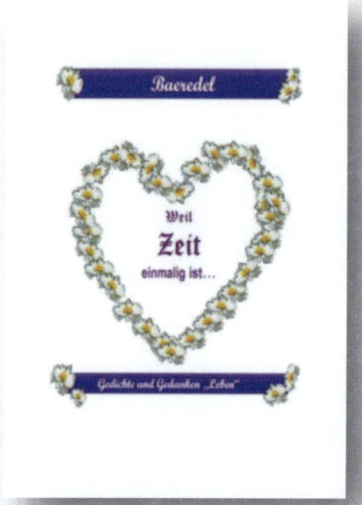

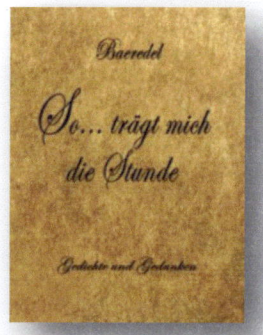

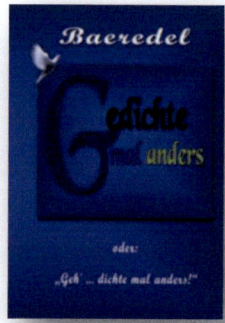

Baeredel Spruchkarten-Buch:

Märchen:

Kleiner Ratgeber:

Vergiss bitte nie:

Weil Zeit einmalig ist...

heißt es schon
im nächsten Moment:

Weil Zeit einmalig ist...

Lyrik:

So… trägt mich die Stunde
Schau, die Seele blickt durch's Fenster…
Gedichte mal anders
Weil Zeit einmalig ist…

Roman:

Mit den Händen sprach ihr Herz

Spruchkarten-Buch:

Für Dich… ein kleines Geschenk
Ein bisschen Glück zum Glück

Märchen:

Die kleine Prinzessin auf dem Apfelbaum

Kleiner Ratgeber – Weil Zeit einmalig ist:

Gleich hinter der Maske wartet sie… die Freiheit Deiner Zeit!

Weil Zeit einmalig ist:

Und wer sucht,

der findet auch:

www.zeit-geschenke.de

www.weil-zeit-einmalig-ist.de

www.gedichte-mal-anders.de

www.kinderleserun.de

www.baeredel.de

Man kann im Glück versinken

Weil Zeit einmalig ist!

BAEREDEL - BUCH

© ZeitGeschenke

www.baeredel.de   www.autoren-zeitgeschenke.de
www.kinderleserun.de   www.gedichte-mal-anders.de